学术顾问：张　莹
专家审阅：冯永谦

出版策划：马　航
选题策划：沈阳中汇艺术馆有限公司
视频策划：辽宁北方传媒广告有限公司
动画制作：李小姣　裴　增
资料整理：王巧玲　吴　琼

图书在版编目（CIP）数据

博物馆里的奇妙中国. 瓷器 / 王可著 ; 姜波绘. ——
沈阳 : 辽宁科学技术出版社, 2021.7（2024.4重印）
　　ISBN 978-7-5591-2034-2

　　Ⅰ. ①博… Ⅱ. ①王… ②姜… Ⅲ. ①瓷器(考古) -
中国 - 儿童读物 Ⅳ. ①K87-49

　　中国版本图书馆CIP数据核字(2021)第076792号

出版发行：辽宁科学技术出版社
　　　　　（地址：沈阳市和平区十一纬路25号　邮编：110003)
印 刷 者：凸版艺彩（东莞）印刷有限公司
经 销 者：各地新华书店
幅面尺寸：250mm×250mm
印　　张：4
字　　数：80千字
出版时间：2021年7月第1版
印刷时间：2024年4月第7次印刷
责任编辑：马　航　姜　璐
封面设计：张琼月
版式设计：张琼月
责任校对：闻　洋

书　　号：ISBN 978-7-5591-2034-2
定　　价：49.80元

投稿热线：024-23284062
邮购热线：024-23284502
https://www.lnkj.com.cn

博物馆里的奇妙中国

瓷器

王 可 著
姜 波 绘

**MUSEUM
WONDERLAND
OF CHINA**

PORCELAIN

辽宁科学技术出版社
·沈 阳·

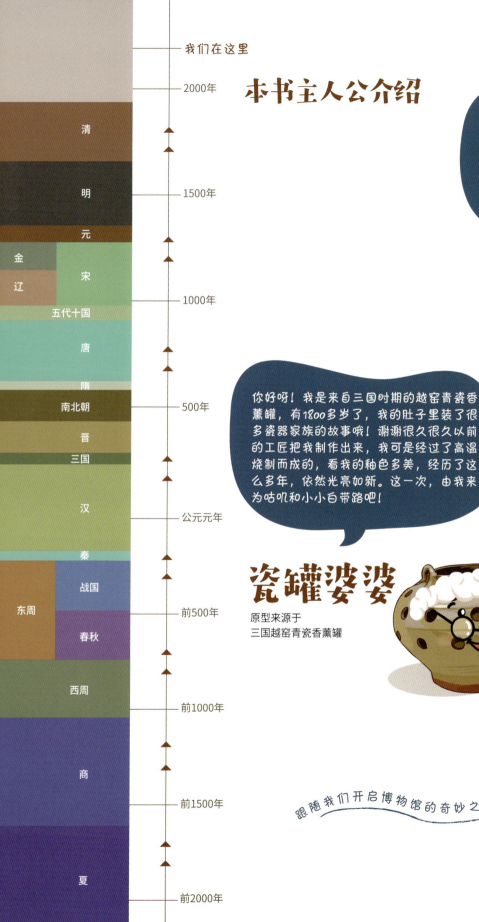

我们在这里

2000年

清

明

1500年

元

金　宋

辽

五代十国

1000年

唐

隋

南北朝

500年

晋

三国

汉

公元元年

秦

战国

东周

前500年

春秋

西周

前1000年

前1500年

商

夏

前2000年

本书主人公介绍

你好！我是咕叽，最喜欢跟着在博物馆工作的妈妈去博物馆玩儿。告诉你一个秘密，在那里我和很多文物成了好朋友！它们会给我讲很多很久以前发生的好玩儿的事儿，还能带我穿梭博物馆的神秘之门！你想不想跟我一起去看看？

咕叽

一个很有好奇心的小男孩

你好呀！我是来自三国时期的越窑青瓷香薰罐，有1800多岁了，我的肚子里装了很多瓷器家族的故事哦！谢谢很久很久以前的工匠把我制作出来，我可是经过了高温烧制而成的，看我的釉色多美，经历了这么多年，依然光亮如新。这一次，由我来为咕叽和小小白带路吧！

我来自明朝，住在博物馆中。在没人的时候，我就会跑出来锻炼一下身体，而且我很喜欢来博物馆的这些小朋友，他们总是有数不清的问题，哈哈。

瓷罐婆婆

原型来源于
三国越窑青瓷香薰罐

小小白

原型来源于
明青花兔纹盘

跟随我们开启博物馆的奇妙之旅吧！

馆长推荐语

中华文明是世界上唯一不曾中断、绵延了5000年的伟大文明,在漫长的历史长河中,我们的祖先给我们留下了很多关于他们的故事,这些故事就藏在流传至今的一件件文物上。

2020年辽宁省博物馆推出了儿童体验馆,希望能让孩子们读懂文物,爱上博物馆,在博物馆的陪伴下快乐成长。本套儿童文博绘本的出发点也是如此,它是一套可以"捧在手中的博物馆",用轻松有趣的方式,生动演绎不语的文物,让孩子们发现文博的乐趣和传统文化之美。

以古鉴今、思考当下、创造未来,是博物馆开展儿童和青少年教育工作的使命。愿可爱的孩子们可以在博物馆的陪伴下长大,有思维、有向往,延续中华文明的光和热!

辽宁省博物馆副馆长 董宝厚

瓷器那些事儿

 瓷器是什么？

我们吃饭用的瓷碗、盘子就是瓷器。瓷器不仅在博物馆中，也在我们生活中，是我们非常熟悉的伙伴。

> 小朋友，你的家中有瓷器吗？

瓷碗

瓷勺

这些都是瓷器

瓷器是用瓷石 和高岭土 混合捏成不同的形状 ，表面涂上釉后，经过1250摄氏度左右的高温 烧制成的器物。

叮叮叮——
起床了小小白！

> 和陶器相比，瓷器更加细腻、坚硬，不易吸水，敲上去还能发出清脆的声音。

陶器

瓷器

釉是什么？

最早的釉出现在商代,是瓷器表面穿的一层衣服,薄薄的,像玻璃一样。

上釉之前　＋　釉

上釉之后

瞬间变闪亮,
很光滑!

有透明釉,
也有彩色釉。

小任务:

小朋友,请看看你家中的瓷碗、盘子、瓷杯……找到它们上面那一层亮亮的釉面吧! 再看看这些釉料,是透明的,还是彩色的?

穿了这层衣服之后,
器物更光亮,更好用了。

瓷器的出现

最先发明出来的陶器

距今2万年前，先人们发现了泥土遇火变硬的特性，于是把泥土捏成各种形状放在窑中用火烧，陶器从此出现在了人们的生活中。

后来，先人们利用泥土和火的技能不断提升，窑的温度越烧越高，烧的器型也越来越多样！

正是因为陶器的发明，才有了后来的瓷器。

瓷器诞生了

东汉时期(25—220年)，先人们积累了很多用火的经验，在今天浙江省所在的区域首先出现了青釉瓷器(简称青瓷)。

此乃神品!

哇!

浙江

青釉瓷器的出现正式揭开了瓷器的第一篇章。

这些残片是现存最早的瓷器——青釉瓷器的碎片，它们被小心翼翼地珍藏在北京故宫博物院里，非常珍贵！

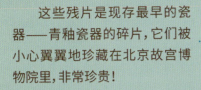

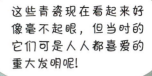

这些青瓷现在看起来好像毫不起眼，但当时的它们可是人人都喜爱的重大发明呢！

算起来这些瓷器残片已经2000多岁了！

东汉时期的青瓷是最早期的瓷器代表之一。

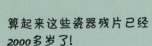

 肩部有水波纹

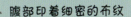 腹部印着细密的布纹

釉色是清澄的青釉

底部和下腹部没有釉

东汉 水波纹双系青釉罐

文物档案

水波纹双系青釉罐

时代：东汉时期

尺寸：高19.4厘米，口径9.2厘米，底径15.2厘米

功能：盛水、盛酒

烧制温度：1250摄氏度左右

出土地：浙江上虞

现藏地：上海博物馆

瓷器的"身体"

鉴赏瓷器，首先要知道一些专业的术语。看看瓷器鉴赏家们都是怎么来称呼瓷器的各个部位吧！

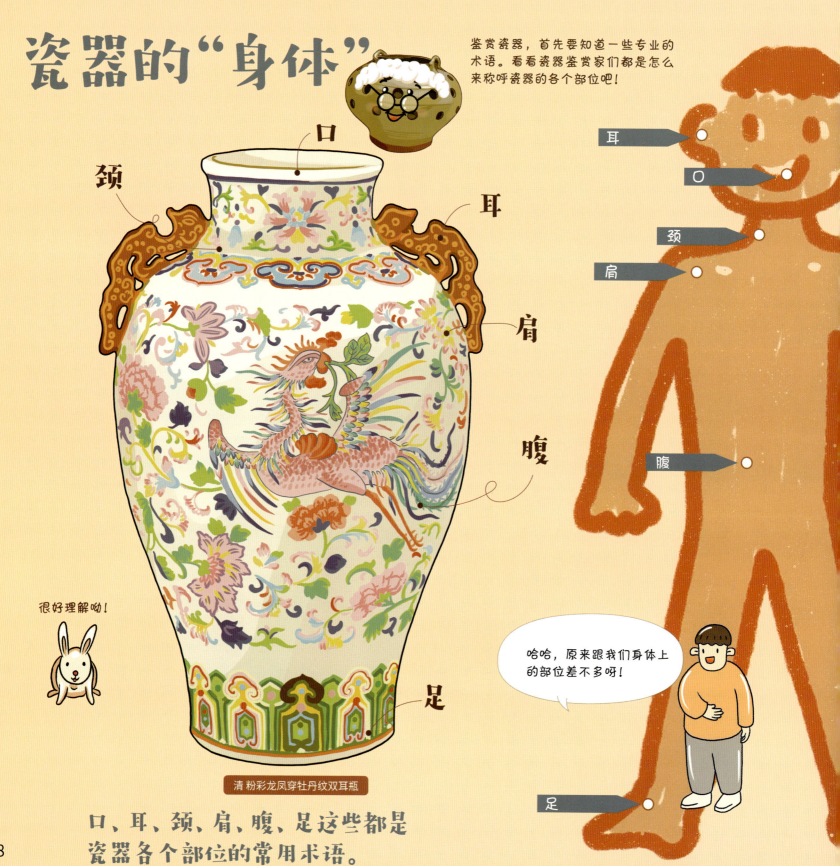

口

颈

耳

肩

腹

足

耳

口

颈

肩

腹

足

很好理解呦！

哈哈，原来跟我们身体上的部位差不多呀！

清 粉彩龙凤穿牡丹纹双耳瓶

口、耳、颈、肩、腹、足这些都是瓷器各个部位的常用术语。

各种各样的"口"

花口

制作花口难度很高!

唇口

有一点儿厚度，像嘴唇一样。

敞口

像敞开的大门。

撇口

撇嘴的撇吗?

直口

直上直下的。

盘口

像个盘子一样。

瓷与陶 大不同

我们经常说陶瓷,但陶与瓷的区别是很大的,快来一起找不同吧!

一、制作材料不同

陶器

陶器由黏土烧成。黏土就是有黏度的土,想找到它们很容易,往地下深一点儿的地方挖一挖,可能就会挖到。

瓷器

而瓷器由一种特殊的土烧制而成,这种土叫高岭土。它是白色的,所以人们还叫它白云土。

二、烧制温度不同

早在商周时代,人们就已经用高岭土制作出了白陶。但因为当时的烧制温度不够高,它还不能叫作白瓷。所以,除了需要特殊的土,烧制瓷器的温度也非常重要!

陶器

陶器的烧制温度为700~900摄氏度。

瓷器

瓷器的烧制温度在1250摄氏度左右。

陶器表面有很多小孔，能够吸水。而瓷器表面有一层釉面，是不吸水的。

三、 一个会吸水,另一个不会

分别用陶器和瓷器盛水。

陶器表面慢慢变得湿乎乎的，里面的水变少了，而瓷器里面的水却一点儿没少。

四、 一个能透光,另一个不能

在有阳光的地方，瓷器能够透光，可陶器无论用多么强的光照，一点儿也不会透光。

瓷器的烧制过程

1 练泥

2 拉坯

5 晾坯

6 绘花

3 印坯

4 修坯

8 烧窑

匣钵

7 施釉

入窑前，为了保护瓷坯，要把它放进一个圆柱形黏土容器中，这种容器叫匣钵（xiábō）。
烧窑的主要燃料是木柴。将窑炉装满后用砖完全封闭，将炉温烧至1250摄氏度左右，这个过程通常需要一天一夜，之后停火，等温度慢慢降低后在适当的时间把瓷器取出。
由于长期处于高温状态，窑炉和烟囱每年都要重新整修。

跟着瓷器去旅行

我们现在就要出发去探寻更多的瓷器了！

瓷罐婆婆，我们第一个要去的地方是哪儿？

期待……

你喜欢小动物吗？我们第一站要去的是距今1800年的魏晋时期，去看看那时候的动物造型瓷器！

第一站

魏晋时期的动物造型瓷器

经历了动荡的三国时期，迎来了社会安定的魏晋时期（220—420年），人们开始了安宁的生活，这时的瓷器样式更加丰富，并出现了大量的动物器型。对动物的喜爱，也是魏晋人热爱生活的体现吧！快来看看有你认识的动物吗？

上面是注水口，人们可以在兔子捧的小碗里取水使用。

看它开心的样子，手里拿的是什么好吃的？

西晋 青瓷兔形水盂

西晋 青釉熊尊

我也想要一个兔子水盂。

你看我像不像

这件水盂是古人的文具，是写字研墨的时候用来盛水的。

我叫虎子，你知道我是干什么的吗？

关于虎子，一般的说法是溺器，就是小尿壶。还有的说它是水器，但至今没有准确的定论。你觉得它更像是干什么用的呢？你会拿它来干什么呢？

西晋 青瓷虎子

西晋 青瓷虎子

请注意了！这个壶的鸡头装饰是实心的，是不出水的。

这里像一个尾巴。

从我的嘴里可以流出水来！

羊有"祥"的寓意。

这时候的瓷器好有趣，设计它们的人一定是动物迷！

东晋 青釉褐斑羊头壶

西晋 青釉鸡首壶

瓷器上的动物造型制作的难度是很大的，这表明这一时期制作瓷器的匠人的技术大大提升了。

文博科普时间

壶的演变

现在的壶，一般是从上方的敞口注入水，从侧面细长的壶嘴倒出水。但最早的壶可不是这样的。

注水　倒水　注水　倒水

早期的壶，从哪里注入水，就从哪里倒出来。　两晋时期，壶的结构才开始有了改进，水从上面倒进来，再从壶嘴倒出去。

15

唐朝人的瓷器新品

魏晋南北朝（220—589年）之后，中国历史迎来了隋唐大一统的时期。隋朝持续的时间很短，只有37年，但它给唐朝（618—907年）盛世奠定了很好的基础。唐朝时期国家富足、稳定，与西域各国交流密切，文化多姿多彩，是一个特别辉煌、灿烂的时代。

唐朝时期，南方人和北方人做的瓷器不一样，北方人做的是白瓷，南方人做的是青瓷，这就是瓷器史上的"南青北白"。

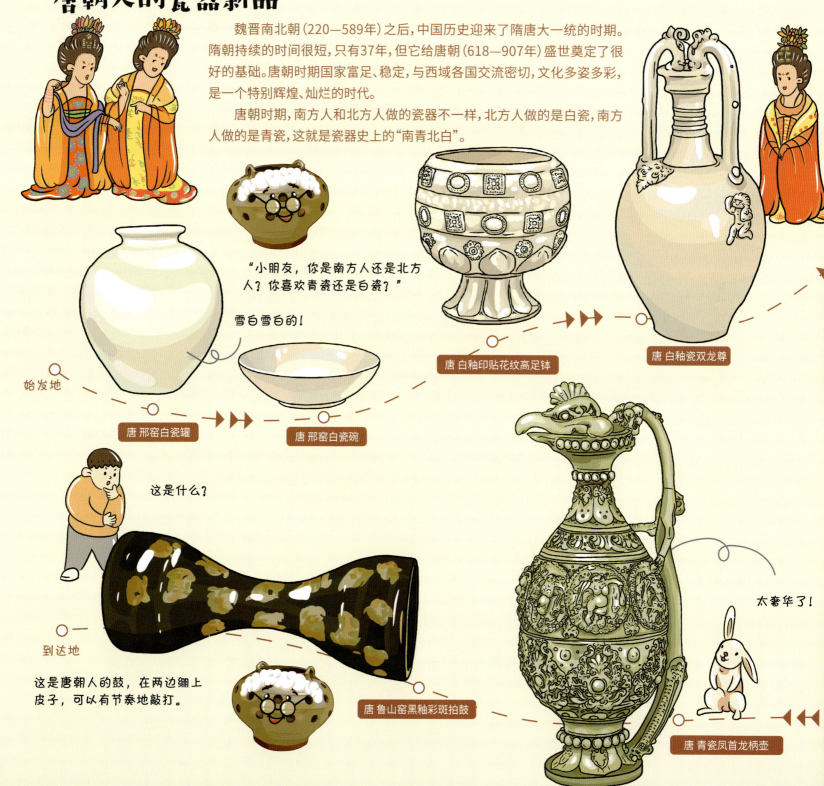

"小朋友，你是南方人还是北方人？你喜欢青瓷还是白瓷？"

雪白雪白的！

始发地

唐 邢窑白瓷罐

唐 邢窑白瓷碗

唐 白釉印贴花纹高足钵

唐 白釉瓷双龙尊

这是什么？

到达地

这是唐朝人的鼓，在两边绷上皮子，可以有节奏地敲打。

唐 鲁山窑黑釉彩斑拍鼓

太奢华了！

唐 青瓷凤首龙柄壶

这时鸡头状的壶嘴被管状的壶嘴取代了，这个壶既可以盛酒，又可以将酒注入杯中。

一位西域人(胡人)正在演奏音乐。一边喝酒，一边听着异国情调的音乐，可能是唐朝人的一种时尚吧！

唐 长沙窑青釉彩绘壶

唐 长沙窑贴花壶

唐 长沙窑褐彩贴花胡人执壶

这件瓷器可不一般，它有着神秘的名字——秘色瓷。秘色瓷是专门献给皇帝的，非常稀少，有冰、玉的质感。它出土于陕西的法门寺地宫，是晚唐时期皇家礼佛的珍贵器物。

法门寺塔

唐 长沙窑彩釉双系罐

文博科普时间

法门寺和秘色瓷

位于陕西的法门寺是一座唐代皇家寺院。

在法门寺的地宫里，供奉着来自释迦牟尼真身的佛指舍利。公元874年，地宫被最后一次封闭。1987年，政府重建即将坍塌的法门寺塔时发现地宫，考古学家在里面发现了一批精美的越窑青瓷，同时出土了刻在石头上的《衣　　　物帐》，上面的记录提到这些瓷器是秘色瓷。

唐 秘色瓷八棱净水瓶

唐 秘色瓷葵口碗

第三站
宋朝皇帝和百姓最爱的瓷器

宋朝时期（960—1279年），国家大力提倡学习，从而造就了文化素养最高的中国古代社会。可以说，宋代迎来了中国历史上的美学巅峰，一起来看看这一时期的瓷器有多美吧！

宋朝人最爱的酒器——注壶

注碗

注壶

注壶、注碗是一对兄弟，它们放在一起专门用来温酒。

温酒时，注碗中装热水，将装着酒的注壶放在碗里。

宋朝人最爱的茶具——建盏

宋朝人的喝茶方式和现代人不一样，现代人是用水泡茶叶，但宋朝人喝茶时会把茶叶磨成粉，用沸水冲开后，用小工具把茶汤打出白色泡沫状后再喝，这种方式就叫作点茶。

黑黑的建盏，
白色的茶。

盏托

点出来的茶汤是白色的，比一比谁的茶汤更白、泡沫更丰富，是宋朝人热衷的斗茶游戏。

宋徽宗就痴迷斗茶，最能衬托出白色茶汤色泽的茶盏是产自福建的建盏。

点茶是宋代贵族的生活必备技能。

● 建盏的花纹

兔毫
建盏釉料很厚，上面布满了细长的银色结晶斑纹，被称作兔毫。

油滴
釉面上有小圆点形的结晶斑，称为油滴。

曜变
釉面上有很多较大的彩色圆形斑点，这种盏的烧制带有极大的偶然性，因此十分珍贵。

宋朝时期的瓷器、服饰、绘画惯常采用的颜色大体都是雅致而清秀的，这是中国历史上最内敛、典雅的一抹色彩。

别具一格的辽代瓷器

——中国瓷器史上的一朵奇葩

公元10世纪初，契丹人在中国北方建立了一个强大的王朝，史称辽或契丹（907—1125年）。辽政权是和北宋同时期存在的北方政权，在其200多年的统治中，烧制出了具有浓郁游牧文化气息和代表契丹民族特有生活习惯的辽代瓷器。

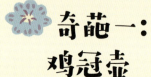

奇葩一：鸡冠壶

咯咯哒！相信你一看到我，就知道为什么我们都叫鸡冠壶了，咯咯哒！

还有我，我一看就是更威风的雄鸡！

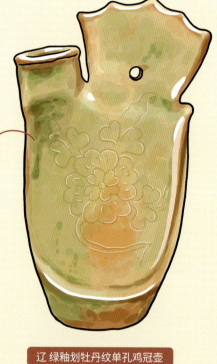

辽 绿釉划牡丹纹单孔鸡冠壶

辽 白瓷单孔鸡冠壶

鸡冠壶是干什么用的？为什么是这个形状？

提梁式鸡冠壶

我身上有漂亮的花纹哦！

鸡冠壶是驰骋在草原上的契丹人用来装酒、奶、水的容器。

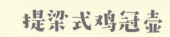

辽 白釉剔花提梁鸡冠壶

我是一件双孔鸡冠壶，你看见我肚皮上正在遨游旋转的龙纹了吗？龙是汉族的图腾，在契丹族的器物上出现是极其罕见的！

辽 绿釉贴盘龙菊花流云纹双孔鸡冠壶

在瓷器出现之前，契丹人用金属和皮料制作出盛酒、奶和水的容器。用金属制作的壶比较昂贵，用皮料做出的壶不好清洗，而且在天气热的时候这两种容器里的液体都容易变质。

你好！虽然我看上去很像是用皮革缝制出来的，但我也是一件瓷制鸡冠壶，人们也叫我们皮囊壶。

辽 黑褐釉双孔鸡冠壶

又坏了，真浪费！

后来契丹人就用瓷壶来代替皮制壶和金属壶，瓷的成本低，又干净卫生，一下子就风靡了草原。

因为马背上的生活习惯和民族文化，契丹人依然钟爱曾经随身携带的皮制壶和金属壶，所以他们决定把瓷器做成民族传统的样式，成为他们眼里兼顾实用与时尚的器具。

奇葩二：
鸡腿坛

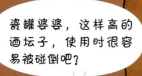

鸡腿坛很大，是用来装酒的。游牧民族酒量很好，所以才制作了这么大的酒坛子。

有的鸡腿坛高达80厘米哦！

瓷罐婆婆，这样高的酒坛子，使用时很容易被碰倒吧？

咕叽，不用担心！鸡腿坛会成组插在木质的架子上。来看看当时的壁画就知道了。

奇葩三：
凤首壶

凤首壶最早是源自于西域的一种带把儿银器，自唐朝开始传入中国，人们叫它胡瓶。

它们是装水、酒或奶的容器！

唐代以后凤首壶的盖子消失了，壶口造型变成了花口。

文物档案

黄釉划弦纹凤首壶
时代：辽代
尺寸：高36.8厘米，
　　　腹径13厘米
功能：盛放水、酒或奶
　　　的容器
现藏地：辽宁省博物馆
注：此件为低温釉陶

辽 黄釉划弦纹凤首壶

辽 绿釉凤首壶

唐 青瓷凤首龙柄壶

22

你注意到了吗，画里的鸡腿坛是有盖子的。

大一统的元青花

元青花即元朝时期生产的青花瓷。元朝(1206－1368年)是由蒙古人建立起来的政权,元青花被认为是元代瓷器乃至中国瓷器的代表。有趣的是,当时蒙古人并不怎么欣赏这些瓷器。因为蒙古族是游牧民族,经常搬家到水草更丰美的地方居住,瓷器易碎,不轻便,价格又便宜,所以他们最早并不太喜欢这些"不值钱"的瓶瓶罐罐,他们骨子里更喜欢奢华、贵重的材料,比如说金灿灿的金织锦。

但元朝人发现外国人非常喜欢这些瓷器,于是青花瓷成了当时流通最广的外销产品,为他们赚取了大量的财富。

青花瓷由此大量涌现,并享誉世界。

什么是青花瓷?

青花瓷:用笔蘸上含钴(gǔ)原料在白坯上画图案,画完再罩上一层透明釉,然后入窑经过1250摄氏度左右的高温烧成的蓝白相间的瓷器。

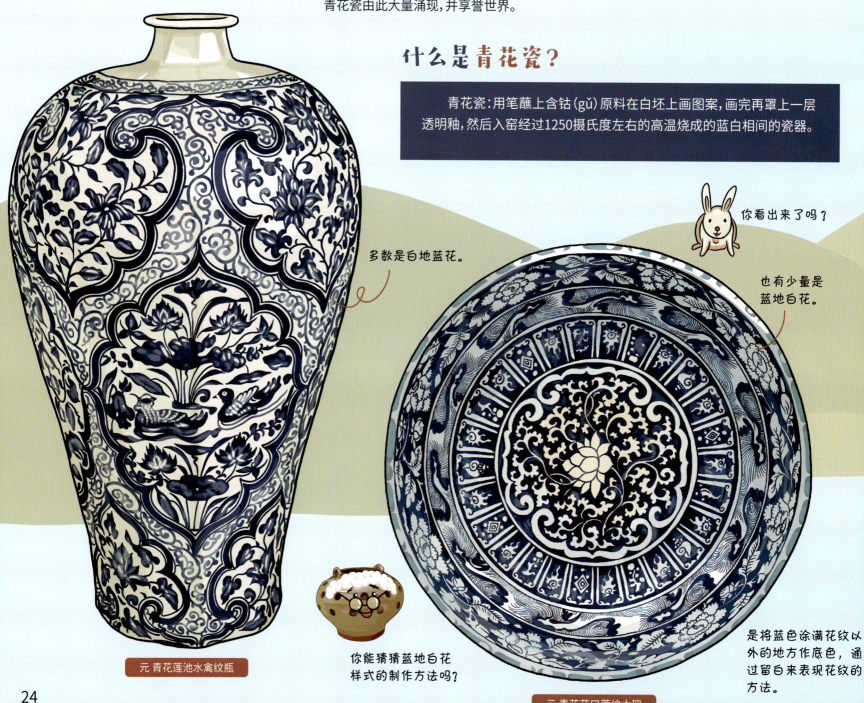

你看出来了吗?

多数是白地蓝花。

也有少量是蓝地白花。

元 青花莲池水禽纹瓶

你能猜猜蓝地白花样式的制作方法吗?

是将蓝色涂满花纹以外的地方作底色,通过留白来表现花纹的方法。

元 青花花口莲纹大碗

正如前文所说,元朝早期青花瓷并不被蒙古人看好,随着统治者们定居中土,瓷器使用增多,青花瓷的地位才逐渐提高。

什么是釉下彩?

釉下彩是先画图案,然后施釉烧制的瓷器装饰手段。有了釉的保护,图案牢固,不会脱落。青花瓷就是最常见的釉下彩瓷器。

1.先在素坯上画图案。

2.罩上透明釉。

3.烧制完成。

文博科普时间　　青花瓷是如何烧制成的?

素坯　　绘制花纹　　罩上透明釉　　烧制　　完成

25

鲜活的明代瓷器

汉族人从蒙古人手里夺回了江山，开始了为期270多年的明代统治。一起来看看当时的瓷器新品吧。从明代开始，瓷器有了明确的底款儿，所谓底款儿，就是把制作的年代写在器物的底足下。

新发明的斗彩

斗彩又叫作逗彩，创烧于明成化年间，就是采用在青花瓷上添加矿物颜料然后再次烧制的工艺而成的瓷器。

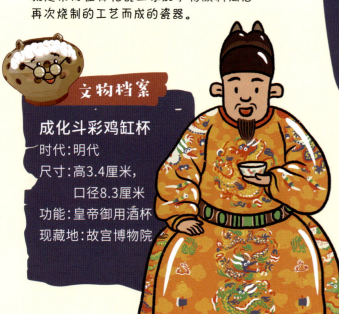

文物档案

成化斗彩鸡缸杯

时代：明代

尺寸：高3.4厘米，口径8.3厘米

功能：皇帝御用酒杯

现藏地：故宫博物院

手拿鸡缸杯的成化皇帝

文博科普时间

成化斗彩鸡缸杯的由来：

成化皇帝喜爱书画，一次看见《子母鸡图》中母鸡带着小鸡觅食的温馨场景，非常有感触，萌生了将画中的场景画在酒杯上的想法。用今天流行的话来说，成化斗彩鸡缸杯就是皇帝"私人定制"的御用瓷器呀！

《神宗实录》中记载："御前有成化斗彩鸡缸杯一双，值钱十万……"足可见鸡缸杯的名贵。

明 成化斗彩鸡缸杯

欢迎你来看我，我是一只长着大象鼻子、有翅膀的海中怪兽。不过，我性格很好哟！

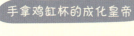

明 斗彩海兽纹天字罐

你能找到那个放风
筝的小孩吗？

这里画的是明代孩子
的小学吗？

老师在讲课吗？
他们在读什么书？

小朋友们，这就是我的
家，怎么样，我家的地
毯很特别吧？

戏婴图即描绘儿童游戏时
的画作，是瓷器上经常出现
的题材。你知道为什么吗？

因为这种孩子多、热热闹闹的场景，在中国人心中有多子多福
的美好寓意。所以明清时期人们特别喜欢把有这种图案的瓶子
摆在家中，借此寓意家族人丁兴旺、子孙满堂、繁荣富贵。

明 青花戏婴图圆盒

晚明时期，民窑蓬勃发展。这件小盘装饰图案丰富，所绘兔
纹寥寥数笔，却有来自民间的灵动鲜活气息。

明 青花兔纹盘

27

缤纷的清代瓷器

文物档案

红绿彩红蝠纹葫芦瓶

时代：清乾隆时期

功能：宫廷陈设品

现藏地：故宫博物院

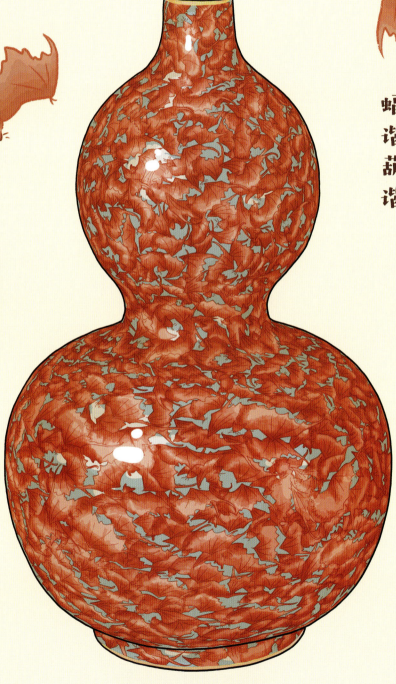

蝠，
谐音福。
葫芦，
谐音福禄。

红色的蝙蝠
在 天 空 飞
舞，有洪福
齐天的美好
寓意。

这么多只蝙蝠挤
在一个葫芦上，
可以用一个特别
专业的词来形
容，就是繁缛
（rù）复杂。
蝙蝠、葫芦都是
古代中国人最喜
欢的词汇。

清乾隆 红绿彩红蝠纹葫芦瓶

28

这不是在赛龙舟吗？画得太细腻、精彩了，像中国画中的工笔画一样。

清 道光紫地粉彩开光百子图撇口瓶

什么是粉彩？

粉彩是在素胎上勾出图案的轮廓，然后在轮廓内涂上一层玻璃白，再将颜料施于这层玻璃白上的瓷器装饰手法。由于玻璃白对彩料的粉化和乳浊作用，颜色会变得粉润。

这些变化，体现了不同时期当朝皇帝的个人喜好。

康熙时期，粉彩瓷被创造出来。

康熙

雍正时期，粉彩瓷越来越漂亮、淡雅。

雍正

乾隆时期的粉彩瓷变得繁复而华美。

乾隆

瓷器的旅行到这就告一段落啦！

下面更精彩！

瓷器上的龙

隋唐及以前的龙

龙是中华民族的图腾,也是中国古代皇权的典型象征。纵观中国2000年之久的瓷器文明进程,龙纹不可或缺,历朝历代的龙都肩负着理想的使命,瓷器上龙纹的演变投射出不同时代的个性,一起来看看吧!

仔细看看这件壶的手柄,是否看到了一条低下头,张开嘴,紧紧咬住壶口的龙?

你看这条龙的四肢稳稳地站在瓶身上,感受一下龙爪的力量吧!

这些都是立体的龙,把龙的形象和壶的把手结合在一起。

我以这个姿势站了快**1500**年了!

北齐武平元年 青釉龙柄鸡首壶

文博科普时间

北朝 青釉贴花龙柄盘口壶

等级最高的隋代墓葬——李静训墓

李静训,去世时只有9岁。她出身皇族,聪颖可爱,身份十分显贵,深受外祖母的喜爱,因此以厚葬的形式来纪念她。在她的墓葬中,考古学家发现了金银器、玉器、玻璃器、瓷器等140余件珍贵的文物。其中最引人瞩目的一件,当属这件纯净素雅的白瓷双腹龙柄传瓶。

龙角卷曲着，龙身被简化成优美流畅的线条，不注意还以为是两株漂亮的植物呢！

这两条龙张着大嘴咬住瓶口，好像要吞掉这个瓶子！

这些瓶都是做什么用的呢？
是当时用来盛酒的酒壶。

你发现龙了吗？它就在这儿。

这么复杂的样式，快来找找龙在哪里？

文物档案

白瓷双腹龙柄传瓶
时代：隋代（公元608年）
尺寸：高18.6厘米，
　　　口径4.5厘米，
　　　腹径6.3厘米
用途：陪葬品（酒器或水器）
出土地：陕西西安李静训墓出土
现藏地：中国国家博物馆

隋 白瓷双腹龙柄传瓶

壶柄是一条直立着的龙，龙嘴衔住壶口，窥视着壶内，前肢撑在壶肩部，后肢抓着喇叭形底座。

这是一件来自中国北方的超级国宝，绚丽复杂的造型彰显着唐朝的大胆自信，印证了对外交流的足迹。壶盖是凤首造型，高高的冠子，尖尖的嘴。壶盖与壶口相吻合。

唐 青釉凤首龙柄壶

31

瓷器上的龙

宋代的龙

宋代是一个特别的朝代,自先秦诸子百家之后,直至宋朝再次形成学术的高峰,宋朝人的审美也达到了巅峰。

来欣赏一下宋朝民间用的瓷器上的龙吧!

宋代的龙,体态比汉唐时期的龙更为粗壮,有种扑面而来的厚重感。这一时期的龙以独角的形式出现。

一只龙满满地占据了整只瓶子,好醒目呀!它的指甲好长,像刀一样!

好厉害的样子!

宋 磁州窑白釉黑剔龙纹长颈瓶

磁州窑创烧于北宋中期，以生产白釉黑彩（剔花）瓷器著称。磁州窑开创了中国瓷器绘画装饰的新途径，同时也为宋以后青花瓷及彩绘瓷器的大发展奠定了基础。

这只龙的头真大，脖子那么粗，像一只憨憨的熊！

梅瓶是做什么用的呢？

梅瓶的功能主要是装酒。高度数的蒸馏酒基本在明朝中后期才出现，宋、元时期古人喝的酒类似今天的米酒，度数很低，可以喝下很多，所以装酒的酒器容量要大一点儿才行。

宋 磁州窑白釉黑剔花龙纹梅瓶

自宋代开始，在瓷器上绘制龙纹被视为皇家的特权。

文博科普时间

磁州窑

日本出版的《中国陶瓷》专著中，"瓷器"都写成了"磁器"。是写错了吗？

不是噢，这与日本人酷爱磁州窑有关，由此可见磁州窑举足轻重的影响力。古代的磁州，位于今天河北、河南交界地——河北省磁县。

磁州窑是中国北方最重要的民间瓷窑，历史上磁州窑器物曾大量出口，从宋代一直延续到明清，从未间断。

瓷器上的龙

隋唐以前的龙仙逸,唐代的龙灵动,宋代的龙厚重,元代的龙凶猛,明代的龙壮美,清代的龙矫健,小朋友,你最喜欢的龙是什么样的?

元明清的龙

元 青花云龙纹梅瓶

明 青花云龙纹天球瓶

明代的龙是在元代的基础上发展变化而来的。看上去会更加凶猛、威严。头发有点儿僵硬地立起,鼻子也向上翘起,眼睛鼓鼓的很明显,这些都是明代龙的特点。

元代的龙,头小而扁,身子细长,像蛇一般蜿蜒,四肢很健壮,爪子很用力地张开着!你发现了吗?龙角和鹿角很像。

除了龙之外，与龙纹同时出现的云纹和海水纹也非常多，这些纹样在一起可以表现出龙行于天地之间、云游四方的气势。

真是很霸气，皇家风范！

海水纹

明 斗彩海水龙纹"天"字盖罐

云纹

清 青花釉里红云龙纹天球瓶

清代龙的头发明显多了不少，可能是觉得这样更威风吧！鼻子不翘了，圆润了很多。龙的爪子非常尖锐！

你知道吗？清朝皇帝规定，五爪龙只有他自己才可以使用，五爪龙才是真正的龙。皇帝被称为"真龙天子"。

瓷器上的水族馆

明 白地矾红彩鱼纹盘

元 青花鱼藻纹罐

鱼类与古人关系密切，早在新石器时代，古人就开始捕鱼，以鱼为食。当人类可以烧制出器皿的时候，便将对动物的情感与依赖绘制在器物之上。汉语中，鱼与余谐音，因此鱼纹又是中国古代富足、富余的象征。鱼有灵性，人有技巧，鱼纹化动为静，生机盎然，始终是深受人们喜爱的纹样。

明 青花矾红彩五鱼纹高足碗

明 五彩鱼藻纹盖罐

鱼、莲荷、浮萍和水草相配，被称为鱼藻纹。宋朝人最先把鱼藻纹画在瓷器上，后世一直延续着这种水藻飘动、鱼儿浮游于器物之上的美好画面。

外国人眼中的瓷器

17世纪晚期至18世纪,欧洲掀起了一股中国热,中国瓷器,特别是青花瓷受到了欧洲各国人的喜爱。

当时欧洲各国王室都以收藏中国瓷器为荣。在欧洲的贵族家庭中,通常会设置瓷器室来陈列中国瓷器,他们还会把盘子、瓷碟钉在墙上作装饰物。

一时之间中国瓷器成为欧洲各国王室喜爱之物,被摆放在他们的重要房间内,为他们提供赏心悦目的精神享受。

法国国王路易十四于1670年在凡尔赛宫内修建托里阿诺瓷器宫，宫里陈设着数不清的中国漆器和青花瓷。

1735年仅仅是英国的"格拉富图号"和"哈雷孙号"两艘货船就从中国运载了24万件瓷器到英国。

39

文博创想游戏

你喜欢鱼吗？
如果瓷器上的鱼去更远的海域旅行了，你会在这些瓶瓶罐罐上面画些什么呢？
拿起你的画笔，在这洁白的瓷器上创作吧！

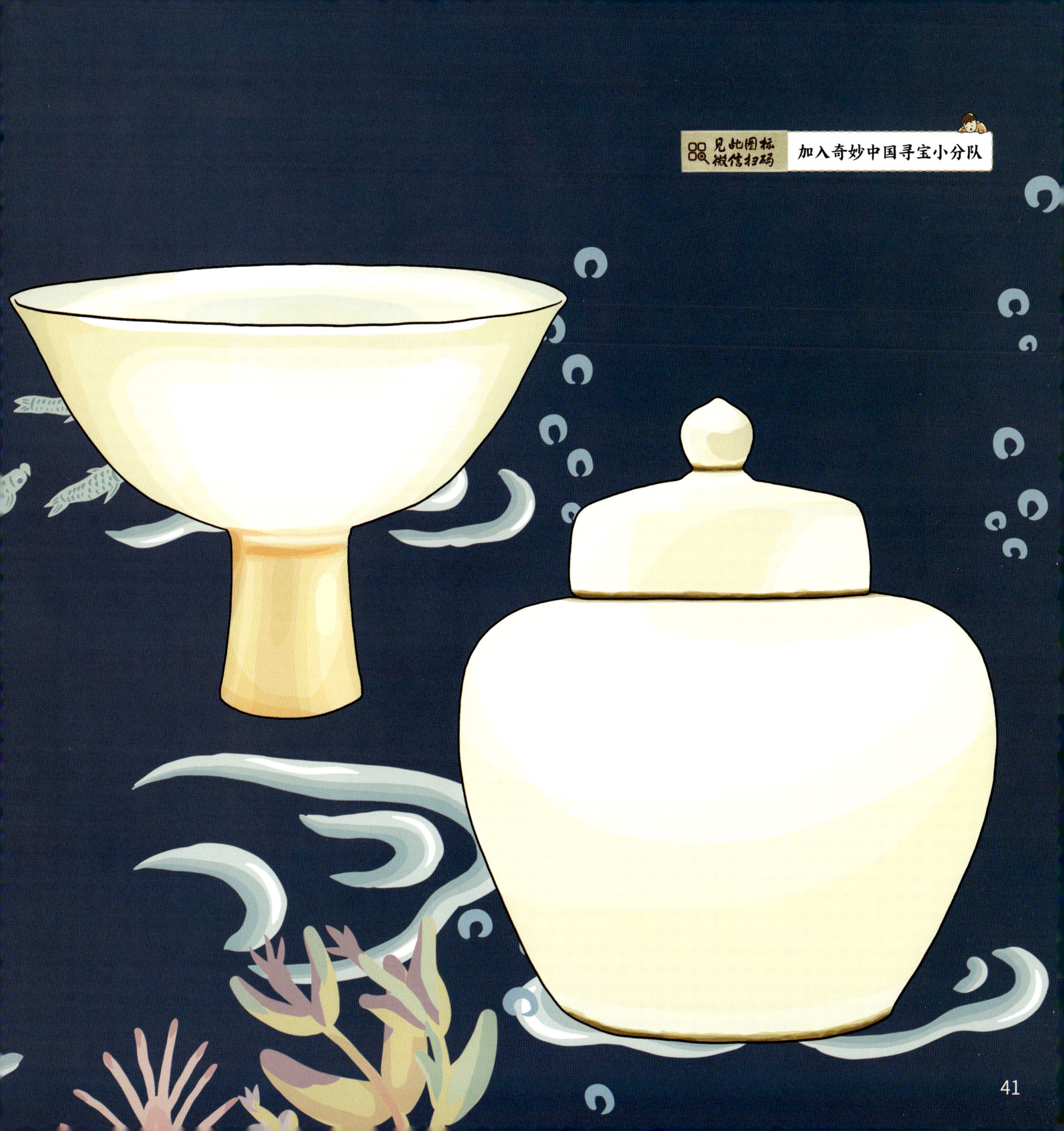

文博创想游戏 之 给瓷器"贴"名牌

小朋友，古人设计出了很多富有美感的瓷器造型，并根据瓶身的不同形状，给它们起了形象又诗意的名字，比如抱月瓶、天球瓶等，一起来欣赏吧！对了，有些瓶子还没来得及贴好对应的名牌，你来试着找一找对应的名字，把名牌"贴"在下面吧！

三足炉

撇口瓶

扁瓶

鸡首壶

贯耳瓶

瓷枕

高足碗

橄榄瓶

盖罐

琮式瓶

梅瓶　葫芦瓶　蒜头瓶　棒槌瓶　双环瓶

盘口瓶　天球瓶　玉壶春瓶　瓜棱瓶

抱月瓶　灯笼瓶　胆瓶

纸槌瓶　仰钟碗　执壶　烛台

文博创想游戏 之 青花瓷纹设计师

古人在青花瓷上画了很多花纹,他们喜爱、敬仰大自然,会在瓷器上画上千变万化的植物、花朵、果实、海水、云朵,看看这些在青花瓷上很常见的花纹,认识一下它们吧!

云纹 常见的云纹有一字云纹、十字云纹、山字云纹、壬字云纹。

十字云纹

山字云纹

一字云纹

壬字云纹

卷草纹

芭蕉纹 一般出现在瓶口、瓶底部,作为装饰。

缠枝纹 用来描绘缠绕的花朵、树叶的纹饰。

海水纹 表现水的智慧和气势,经常配合龙的形象一起出现。

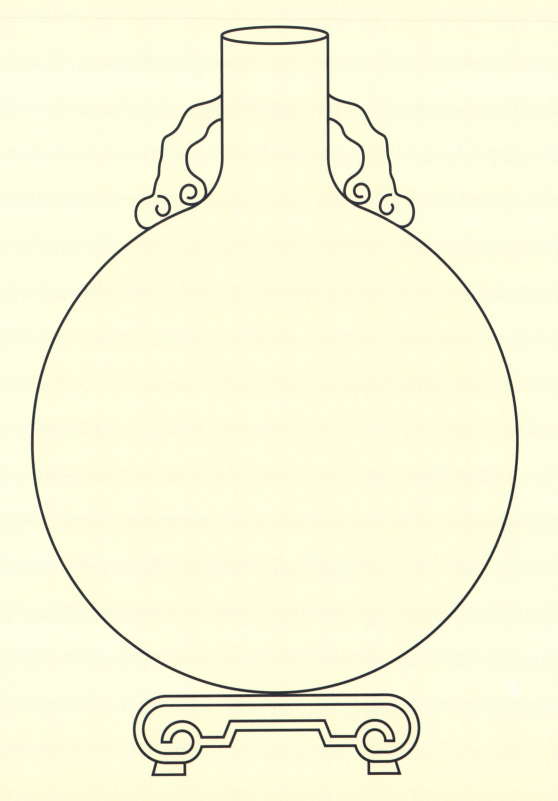

请你来当设计师，给这只抱月瓶添上美丽的青花瓷纹饰吧！

我的文博日记

姓名:＿＿＿＿＿＿＿＿＿＿＿＿＿＿＿＿＿

年龄:＿＿＿＿＿＿＿＿＿＿＿＿＿＿＿＿＿

生活的城市:＿＿＿＿＿＿＿＿＿＿＿＿＿

我最喜欢的博物馆是:＿＿＿＿＿＿＿＿＿＿＿＿＿＿＿＿＿＿＿

我最近一次去过的博物馆是:＿＿＿＿＿＿＿＿＿＿＿＿＿＿＿

在我的印象中,我去过的博物馆中:□有瓷器 □没有 □没太注意

如果可以收藏一件瓷器,我会选:＿＿＿＿＿＿＿＿＿＿＿＿＿＿
因为:＿＿＿＿＿＿＿＿＿＿＿＿＿＿＿＿＿＿＿＿＿＿＿＿＿＿
＿＿＿＿＿＿＿＿＿＿＿＿＿＿＿＿＿＿＿＿＿＿＿＿＿＿＿＿＿＿
＿＿＿＿＿＿＿＿＿＿＿＿＿＿＿＿＿＿＿＿＿＿＿＿＿＿＿＿＿＿
＿＿＿＿＿＿＿＿＿＿＿＿＿＿＿＿＿＿＿＿＿＿＿＿＿＿＿＿＿＿

看完这本书,我想对爸爸妈妈说:＿＿＿＿＿＿＿＿＿＿＿＿＿＿
＿＿＿＿＿＿＿＿＿＿＿＿＿＿＿＿＿＿＿＿＿＿＿＿＿＿＿＿＿＿
＿＿＿＿＿＿＿＿＿＿＿＿＿＿＿＿＿＿＿＿＿＿＿＿＿

本书任务清单

任务	难易程度	完成
1. 找一找家中有没有施透明釉和彩色釉的瓷器。	★★	☐
2. 说一说陶器与瓷器原材料的不同。	★★★	☐
3. 回忆一下制作一件瓷器必须要达到多高的烧制温度。	★★★★	☐
4. 记住瓷器"身体"的几个关键部位。	★★★	☐
5. 说出你对虎子的用途的判断。	★★★	☐
6. 有机会让爸爸妈妈带你去看法门寺地宫出土的秘色瓷。	★★★	☐
7. 寻找大辽国奇葩鸡冠壶的来历。	★★★★	☐
8. 在壁画上找寻鸡腿坛的使用方法。	★★★★★	☐
9. 挑出你觉得最威严霸气的龙纹,并对应一下那件瓷器的朝代。	★★★★	☐
10. 再挑一件你觉得最没有精气神的龙的瓷器,看看它是什么朝代的。	★★★★★	☐
11. 跟着瓷器去每个朝代旅行时,算一算那个朝代距今天的时间。	★★★★★	☐
12. 在书中画出属于你"私人定制"的特别纹饰的瓷器。	★★★★	☐

　　小朋友，瓷器之旅到此就要告一段落啦！希望你能借此了解中国灿烂的瓷器文化，萌生对瓷器的兴趣。当你静静打开本书的时候，就是与制作、绘制这些瓷器的古人开始了对话，愿从这些瓷器中流淌出来的美，可以使你获得古人的巧思，感受中国传统文化的可爱与谦和。

中汇艺术馆是北方传媒集团旗下艺术品收藏机构，成立于2008年，拥有1000余平方米的展示空间。十余年来一直致力于中国古代艺术品的收藏、整理、研究与公众传播。艺术馆下设传统文化体验中心，由文博专家、美院教授、历史学者组成教师团队，推出"小小鉴赏家"少儿和青少年系列趣味创想美育课程，已带领千余家庭和孩子走进博物馆，感知5000年中华文明，引导、陪伴孩子发现历史文博之美，受到了孩子、家长们的喜爱和好评。

给家长的阅读建议：

文博类少儿图书对于学龄前的孩子来说，是一个有着天马行空想象力的世界，孩子会对文物的形状、花纹、功能……产生各种各样的问题，所以家长为孩子解释问题的时候，可以把书中的知识点与孩子熟悉的事物相关联，便于他们更好地理解与记忆，每次阅读时选择两三个知识点让孩子一点点消化，对于书中设计的文博游戏更可以当成亲子游戏来玩儿！

而对于入学后的小读者，父母陪伴孩子阅读是和孩子同频共振的基础，可以一起探讨。当孩子有想深入了解的问题时，家长可以协助孩子查阅更多资料，进一步探索和找到答案。这些都是效果非常好的亲子学习方式！

辽宁省博物馆　公共服务部副主任　张　莹